Cor@zón

DRA. GLORIA I. SAN MIGUEL

WordPower Book Series

© Copyright 2023, Fig Factor Media, LLC.
All rights reserved.

Todos los derechos reservados. Ninguna parte de este libro puede ser reproducida por procedimientos mecánicos, fotográficos o electrónicos, ni puede ser almacenada en un sistema de recuperación, transmitida en cualquier forma o copiada de otra manera para uso público o privado sin el permiso escrito del propietario del copyright.

Se vende con el entendimiento de que el editor y los autores individuales no se dedican a la prestación de asesoramiento psicológico, legal, contable o de otro tipo profesional. El contenido y los puntos de vista de cada capítulo son la única expresión y opinión de su autor y no necesariamente las opiniones de Fig Factor Media, LLC.

Para más información, póngase en contacto con:
Fig Factor Media, LLC | www.figfactormedia.com

Diseño y maquetación de la portada por Juan Pablo Ruiz
Impreso en los Estados Unidos de América

ISBN: 978-1-959989-59-2
Library of Congress Control Number: 2023917421

DEDICACIÓN

Dedico este libro, en primer lugar, a nuestro Señor y Salvador, Jesucristo, quien ha sido tan fiel en mi vida. A mi Padre Celestial, quien sembró la primera semilla de una idea y la regó mientras seguía creciendo.

"Sobre toda cosa guardada, guarda tu corazón; porque de él mana la vida". (Proverbios 4:23, RVR 1960)

"En ti he sido sustentado desde el vientre; de las entrañas de mi madre tú fuiste el que me sacó; de ti será siempre mi alabanza". (Salmos 71:6, RVR 1960)

¡Gracias, Dios, por dictar este libro a mi corazón!

RECONOCIMIENTOS

Estoy profundamente agradecida a mi esposo Javier y mis hijas, Giselle y Desiree, por su amor y apoyo. Mi abuela materna, Monserrate Santiago, me crió con amor y atesoro su influencia en mi vida. A mi tía, Emilia Lamboy, gracias por estar siempre ahí para mí. Mis padres, Mildred Lamboy y José Pérez, me enseñaron el poder del perdón y la transformación a través de la fe en Cristo.

Un agradecimiento especial a mi querida amiga, Mariselis Crespo, cuya amistad ha sido una bendición. A mis amigos (quisiera poder mencionarlos a todos, pero el límite de palabras es restrictivo) por su sincero apoyo y por recorrer junto a mí el camino de la vida. Anitza San Miguel, gracias por presentarme a Jackie Camacho. Jackie, tus inspiraciones divinas están muy alineadas con las mías y tu equipo ha sido increíble al respaldar mi sueño de publicar.

Extiendo mi gratitud a mi amiga, la Pastora Dra. Ruth Marie Calderón de la Iglesia Re.Live. A mi familia extendida, pastores e iglesias, sus oraciones y apoyo espiritual significan mucho para mí. Gracias a la Pastora Dra. Denise Salasblanca, a los Pastores Ernesto Balvaneda y Cristina García, a los Pastores Bernardo y Mónica Javier, al Rvdo. Héctor Santiago e Isabel Rolón y al Rvdo. Vicente Román y las iglesias CCH y CREE por sus oraciones y apoyo espiritual.

Aprecio a los mentores y maestros: John Maxwell, Paul Martinelli, Elsa Ilardo, John Mejía, Misael Díaz, Sra. Raquel Bruno, Dra. Marie H. Delmestre, Dr. José R. Ortiz, Sra. María C. Gutiérrez, por su orientación e inspiración. Mis familias de Maxwell Leadership, Empowered Living y Kairos Global me dirigieron hacia mi propósito.

Por último, un sincero agradecimiento a mis queridos lectores. Compartir mi historia me brinda una inmensa satisfacción, su recepción es un regalo que me conecta con la realidad. ¡Gracias de todo corazón!

INTRODUCCIÓN

Corazón es un libro que nació del profundo deseo de la autora de ayudar a otros a través de la consejería. Con un trasfondo en cardiología y oncología, el corazón siempre ha ocupado un lugar central en su vida personal y profesional. Después de orar fervientemente por un tema significativo, se inspiró para escribir sobre el corazón no solo como un órgano físico, sino como la fuente de amor, compasión y bondad.

La esencia del libro radica en compartir consejos sinceros, trascendiendo simples historias para ofrecer sabiduría e inspiración. Actúa como una guía amorosa que aborda la sanación emocional, física y espiritual. Las páginas entrelazan temas para transmitir un mensaje poderoso e inspirador, con el objetivo de enriquecer la vida de los lectores.

Corazón también crea conciencia sobre las enfermedades cardiovasculares y del corazón, que a menudo son asesinos silenciosos. A través de anécdotas personales y ficticias, el libro enfatiza la importancia de la salud del corazón, al tiempo que protege la privacidad de las personas involucradas. Cuenta con ternura la pérdida repentina de la madre de la autora debido a un ataque al corazón, rindiendo homenaje a su memoria, y comparte la propia travesía de la autora a través de un reciente ataque al corazón.

Desbordante del amor auténtico de Dios, *Corazón* se extiende para tocar vidas, ofreciendo consuelo y orientación en un mundo donde las emociones y el bienestar a menudo se entrelazan. Su mensaje poderoso no solo sirve como inspiración, sino que también proporciona conocimiento vital para proteger la salud del corazón y nutrir la bondad dentro del corazón de cada individuo.

MI HISTORIA

Desde temprana edad, aprecié el aprendizaje y el conocimiento, un tributo al amor y cuidado que me brindaron mi abuela y mi tía. Sus influencias me inculcaron la creencia de que el conocimiento era invaluable y nunca podría ser arrebatado. Comprendí que mis circunstancias no me definirían y que podía moldear mi futuro esforzándome por ser una persona mejor.

A lo largo de mi camino, recibí valioso apoyo y consejos de diversas fuentes, incluída mi familia, maestros, mentores e incluso desconocidos que se convirtieron en modelos a seguir. Si bien la confianza en uno mismo es esencial, a veces se necesita un consejo sincero para reconocer verdaderamente nuestro valor y potencial. En mi caso, ese consejo siempre estuvo presente, pero cobró vida cerca de mis veinte años.

Crecí en la humilde barriada Tokio en Hato Rey, Puerto Rico, de donde mi familia fue desplazada al barrio Sabana Hoyos en Vega Alta. Recuerdo que Dios siempre puso oportunidades en mi camino para descubrir que había algo mejor y más grande para mí. No porque fuera ingrata, sino porque Él tenía consejos para mi corazón desde Su corazón.

Encontré oportunidades divinas que me revelaron mayores posibilidades. La guía y sabiduría de Dios se convirtieron en lo más importante en mi vida, protegiendo mi corazón y dirigiendo mis pasos. Aunque enfrenté incertidumbres en ocasiones, perseveré con fuerza renovada a través de la oración, siempre avanzando hacia la meta establecida por Dios y Jesús.

Al confiar mi vida y mis deseos y pensamientos a Dios, permanecí en el camino hacia la vida eterna con una fe inquebrantable. Cada paso que daba estaba guiado por mi Padre Celestial, dándome el valor para superar los desafíos y continuar hacia mi propósito en la vida. Con gratitud y determinación, abrazo este viaje con Dios como mi compañero eterno.

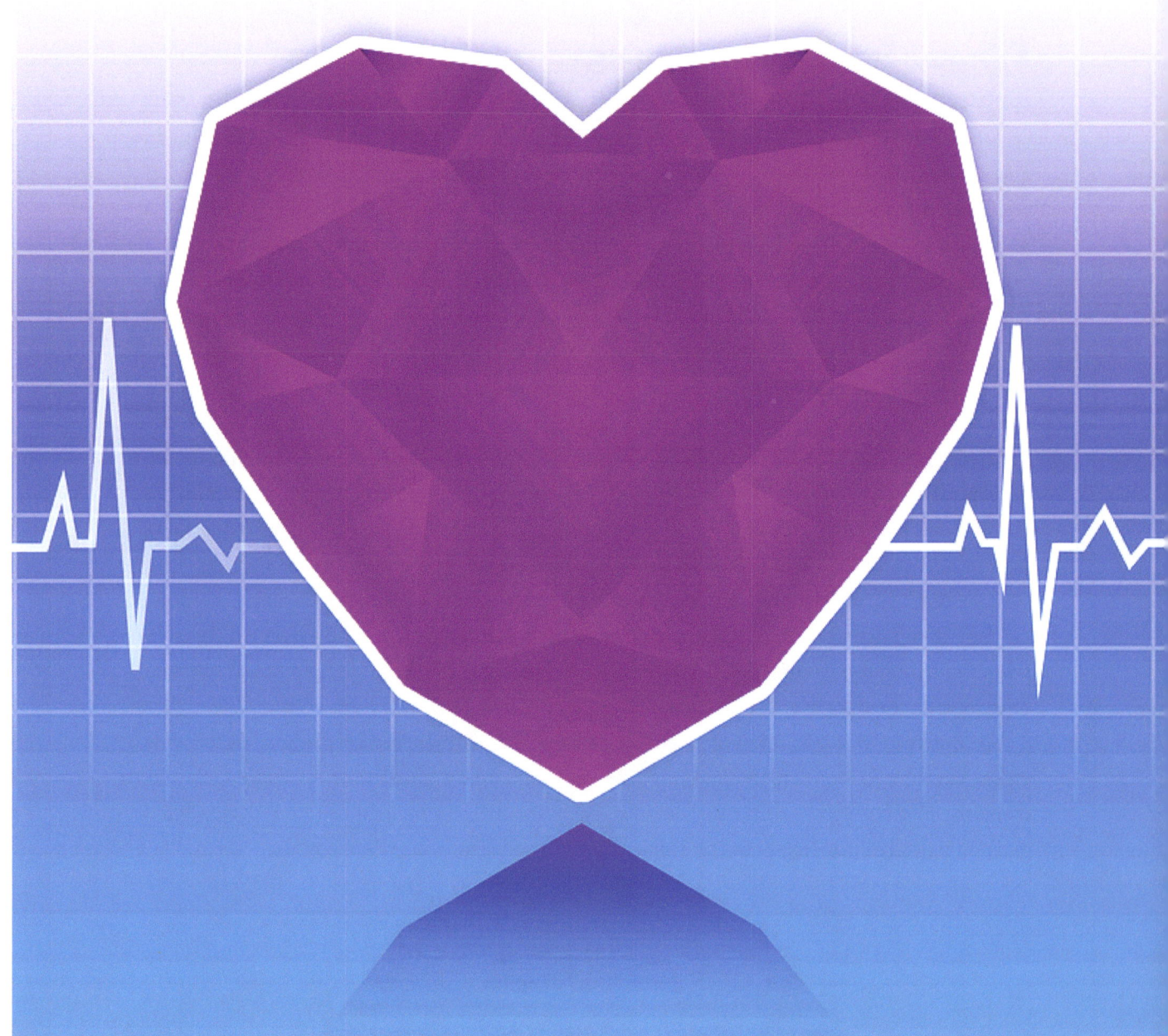

LAS ENFERMEDADES CARDÍACAS EN LAS MUJERES

Esta causa es querida y cercana a mi corazón. Mi madre falleció inesperadamente de un ataque al corazón. Las enfermedades cardíacas y los accidentes cerebrovasculares causan la muerte a una de cada tres mujeres, pero la Asociación Americana del Corazón[1] afirma que estas muertes a menudo son prevenibles mediante la conciencia, cambios en estilo de vida y supervisión médica. Muchas personas tienen esta enfermedad silenciosa. Debemos crear conciencia sobre las enfermedades cardíacas en las mujeres. Los síntomas son diferentes que para los hombres, y pueden no ser fácilmente notados.

Síntomas de ataque al corazón en mujeres:

El síntoma más común es el mismo que en hombres: algún tipo de dolor en el pecho, presión o malestar que dura más de unos minutos o va y viene. Pero el dolor en el pecho no siempre es grave o incluso el síntoma más notable, especialmente en las mujeres. A menudo, las mujeres describen el dolor como presión u opresión.

Algunos síntomas que las mujeres podrían experimentar además del dolor en el pecho[2]:

- Malestar en el cuello, mandíbula, hombro, espalda superior o vientre superior
- Falta de aliento
- Dolor en uno o ambos brazos
- Náuseas o vómitos
- Sudoración
- Mareos o vértigo
- Fatiga inusual
- Acidez estomacal

Estos síntomas pueden no ser tan evidentes como el dolor opresivo en el pecho. Por eso, cuando tuve un dolor inusual en el hombro, algo me dijo que fuera a revisarlo. En comparación con los hombres, las mujeres tienden a tener síntomas con más frecuencia cuando están en reposo, e incluso mientras duermen, y el estrés emocional puede desencadenarlos. Debido a la diferencia de síntomas, a menudo se diagnostica a las mujeres con menos frecuencia.

---

1 "The Facts about Women and Heart Disease," Go Red for Women, 2023, https://www.goredforwomen.org/en/about-heart-disease-in-women.

2 "The Facts about Women and Heart Disease," Go Red for Women, 2023, https://www.goredforwomen.org/en/about-heart-disease-in-women.

MI TRAYECTORIA CARDÍACA

En 2019, perdí repentinamente a mi madre a causa de un ataque al corazón, lo que me llevó a crear conciencia sobre las enfermedades cardíacas en las mujeres. Preocupada por el aspecto hereditario, consulté a un cardiólogo y adopté un estilo de vida más saludable. Después de dos años de seguimiento, me dieron de alta con un diagnóstico de salud positivo, orgullosa de mi pérdida de peso y progreso físico.

Sin embargo, tres meses después, tras un entrenamiento intenso, experimenté un dolor inusual en el hombro. Al recordar las señales de advertencia para las mujeres, busqué atención médica de inmediato. Pensé en mi madre y en todo lo que había aprendido como parte de ser promotora de la campaña "Go Red for Women" de la Asociación Americana del Corazón. Las mujeres tienen síntomas diferentes a los hombres y es posible tener un ataque al corazón sin dolor en el pecho.

Fui a una Clínica de Urgencias porque no me sentía bien. Las pruebas iniciales parecían estar bien, pero mis niveles de troponina estaban elevados, lo que puede indicar un problema cardíaco. Debido a esto, me llevaron rápidamente al hospital. Realizaron varias pruebas, pero no pudieron determinar exactamente qué estaba mal. Curiosamente, cuando introdujeron un catéter en mi corazón para buscar obstrucciones, no encontraron ninguna. Finalmente, realizaron un tipo especial de escáner llamado resonancia magnética cardíaca, que mostró que tengo una afección llamada miocardiopatía hipertrófica no isquémica. Es un engrosamiento del músculo cardíaco que no es causado por falta de flujo sanguíneo.

Mi trayecto con esta condición continúa, pero sigo firme en mi fe, confiando en que mi vida está en manos del Señor. Espero compartir mi experiencia para educar a otros sobre la salud cardíaca e inspirarlos a escuchar sus cuerpos y tomar medidas proactivas para su bienestar.

ELOGIO PARA MAMI

En memoria de Mildred Lamboy 31/1/58-14/9/19

En primer lugar, quiero agradecer a Dios por su bondad y misericordia infinitas; por su paz que supera todo entendimiento, porque su voluntad y su tiempo son perfectos. Gracias a todos ustedes, familiares y amigos, reunidos aquí, y a aquellos que nos acompañan en pensamiento, oración y corazón. Todos ustedes que nos han apoyado de una manera u otra, hay muchos nombres que mencionar, ustedes saben quiénes son.

Mami falleció inesperadamente ante nuestros ojos, pero estoy segura de que Dios tiene un propósito para su partida. Él actúa de maneras misteriosas, pero muestra su voluntad y favor en todo momento. ¿Qué puedo decirles? Dios permitió que Mami escapara de la muerte en dos ocasiones debido a accidentes automovilísticos. Esta vez la llamó, en su habitación en medio de la noche.

Su vida fue muy difícil, pero en los últimos 17 años, dio testimonio con su vida del valor del perdón, la gratitud, la redención y la reconciliación. Ella es mi mejor amiga, mi confidente y la mejor abuela para nuestras niñas, siempre alegre y juguetona, llena de chistes y alegría; la vamos a extrañar enormemente.

Mami, ¡el cielo no es el límite, sino el comienzo!

Gracias a todos los que han compartido historias con Mami, sus chistes y ocurrencias, y especialmente cómo ministró a sus vidas en momentos difíciles a través de la Palabra de Dios y la Oración.

Su hermoso y compasivo corazón permanecerá con nosotros para siempre, siempre vivirás en nuestros corazones. ¡Te amamos!

AFRONTAR EL DUELO: SANAR TU CORAZÓN DE UNA PÉRDIDA

El duelo es una emoción profundamente personal y compleja que sigue a la pérdida de un ser querido, una relación o un sueño apreciado. Al envolver tristeza, pesar, enojo, culpa y confusión, la experiencia de cada persona está moldeada por su trasfondo único y sus mecanismos de afrontamiento. La aceptación es el primer paso hacia la sanación, al reconocer y validar los sentimientos en lugar de reprimirlos. Construir una red de apoyo a través de amigos, familiares o grupos de apoyo en duelo puede brindar consuelo.

Expresar las emociones de manera saludable a través de actividades como escribir, el arte o el ejercicio puede ser terapéutico. La sanidad no es lineal, y después de la aceptación, aún pueden surgir contratiempos y tristeza. La autocompasión es crucial, al ser pacientes y amables durante la recuperación sin autocrítica. La ayuda profesional a través de la consejería o terapia puede brindar apoyo para procesar emociones y recuerdos.

Honrar la memoria del ser querido es esencial, ya que celebra su vida y preserva los momentos compartidos. Los rituales y ceremonias ofrecen cierre y conexión. Con el tiempo, el duelo puede transformarse en un recuerdo agridulce, en lugar de una tristeza abrumadora. Está bien encontrar alegría y sentido en la vida, mientras se reserve un espacio para los recuerdos del pasado.

El duelo no puede ser "resuelto", pero se convierte en parte de lo que somos, fomentando la resiliencia y la compasión. El dolor puede que nunca desaparezca por completo, pero se vuelve más manejable con apoyo y tiempo. El viaje del duelo de cada persona es único, y no hay una manera correcta o incorrecta de atravesarlo. Respetar el propio proceso es crucial. Al abrazar las emociones, buscar apoyo y practicar la autocompasión, las personas pueden navegar por el duelo y encontrar esperanza y sanación en sus corazones.

CINCO CLAVES PARA PERDONAR DESDE EL CORAZÓN

El perdón no significa la ausencia de dolor, sino la voluntad de dejar ir el resentimiento y la ira. Es aceptar que otros, al igual que nosotros, pueden equivocarse y merecen compasión. Es un compromiso con el cambio y la sanación. A continuación, cinco claves para practicar el perdón:

1. Elige el amor sobre los rencores. Aferrarse a los rencores destruirá tu alma como el ácido, mientras que el perdón sana como la eliminación de un tumor.
2. Elige la compasión sobre la venganza. Ponte en el lugar de los demás, comprendiendo su arrepentimiento o debilidad. La venganza solo envenena el corazón.
3. Elige el crecimiento sobre la estancación. El perdón debe llevar a la madurez y la fortaleza. Te permite amar más profunda y conscientemente.
4. Elige la humildad sobre la arrogancia. Reconoce tus imperfecciones y el potencial de cometer errores similares.
5. Elige la fuerza de Dios sobre la tuya propia. Perdonar desde el corazón es posible a través del amor y la compasión de Jesús.

Al practicar estas elecciones, el perdón se convierte en un proceso transformador que te libera del peso de la ira y el resentimiento, llevándote al crecimiento personal y la paz interior.

SANAR UN CORAZÓN ROTO

Sanar un corazón roto es un proceso desafiante que requiere cuidado y comprensión adecuados. Las emociones experimentadas durante una ruptura, como la tristeza, la decepción y el dolor, pueden ser abrumadoras, pero existen formas efectivas de sobrellevarlas y avanzar.

La neurocientífica Lucy Brown explica que el cerebro procesa una ruptura de manera similar al hambre o la sed, lo que dificulta reprimir los sentimientos intensos[3]. Sin embargo, hay pasos que se pueden tomar para facilitar la sanación[4]:

1. Reconstruir el autoconcepto: Contrarresta la autorecriminación y el vacío al restaurar la autoidentidad y el valor propio.
2. Regla del "cero contacto": Rompe el contacto para facilitar el proceso de duelo y crear espacio emocional.
3. Autocuidado: Prioriza el bienestar físico y mental a través del ejercicio, la nutrición y el descanso.
4. Paciencia y aceptación: Permítete tiempo para procesar las emociones y llegar a un acuerdo con la situación.
5. Busca apoyo: Los amigos brindan consuelo y distracción, lo que fomenta la normalidad y la alegría.

En conclusión, sanar un corazón roto requiere cuidar de uno mismo, buscar apoyo y practicar la paciencia y la aceptación. Es un proceso gradual, pero con autocompasión y determinación, uno puede crecer y superar el dolor, y encontrar nuevamente la felicidad y la plenitud. La ayuda profesional también puede ser beneficiosa para aquellos que luchan por enfrentar la situación de manera efectiva. Recuerda ser amable contigo mismo a lo largo del viaje de sanación.

3, 4 "Study Links Romantic Rejection with Reward and Addiction Centers in the Brain," Albert Einstein College of Medicine, July 6, 2010, https://www.einsteinmed.edu/news/releases/546/study-links-romantic-rejection-with-reward-and-addiction-centers-in-the-brain/.

SANA TU CORAZÓN CON AMOR

- *Sé más amoroso y generoso.* Lleva felicidad y alegría a tu vida y a la vida de otras personas. Sé generoso con tu tiempo y dinero. Intenta hacer hoy un acto de bondad al azar, incluso si es tan simple como sonreír a alguien.

- *Abraza y toma de la mano.* El contacto físico tiene la capacidad amorosa y nutritiva de mejorar instantáneamente tu estado de ánimo, reducir los niveles de estrés y tranquilizarte. Intenta abrazar al menos a una persona que ames todos los días.

- *Sé más juguetón en tu relación amorosa.* Recuérdale a tu pareja cuánto te importa y dedícale tiempo, sin importar cuán ocupado estés.

- *Ama tu vida y muestra gratitud.* Añade más alegría a tu vida cada día. Coquetea con la vida, ríe, baila, canta. Permítete reír de verdad sin contener nada y simplemente disfruta de esa risa pura.

- *Ámate a ti mismo y sé amable contigo mismo todos los días.* Trátate a ti mismo como tratarías a otra persona de la cual estás realmente enamorado. Cuanto más te ames a ti mismo, mejor preparado estarás para amar a los demás. Y cuanto más amor das, más amor recibirás.

PAZ EN TU CORAZÓN

Tener paz en tu corazón significa alcanzar un estado de armonía interna y mostrar actitudes positivas en tu vida diaria. Requiere manejar las circunstancias de la vida y las cargas emocionales sin permitir que perturben tu paz. Para lograrlo, debes aprender a cerrar ciertos capítulos y soltar:

1. Dejar todo en su lugar: Acepta que ciertas cosas están fuera de tu control y permite que se desenvuelvan naturalmente.
2. Avanzar con libertad emocional: Ten el valor de soltar las heridas del pasado y seguir adelante sin que te detenga el equipaje emocional.
3. Humildad para perdonar: Reconoce que todos somos falibles, incluyéndote a tí mismo, y estás dispuesto a perdonar a los demás y a tí mismo desde el corazón.
4. Aceptar la impermanencia de los momentos: Comprende que nada dura para siempre, así que evita apegarte en exceso a rutinas o costumbres, y en cambio aborda la vida con pasión y una mentalidad ganadora.

Para encontrar la paz, prepárate para el cambio y los tiempos difíciles al dar tu mejor esfuerzo y vivir plenamente el momento. Soltar la culpa es crucial, ya que puede perturbar tu paz mental. Acepta que la vida continúa y que aún puedes escribir tu historia.

Aprende a soltar con estos consejos:
1. Acepta que la vida sigue y que puedes continuar tu viaje.
2. Sé valiente al decir adiós y cortar experiencias dolorosas para seguir evolucionando.
3. Reconoce que los ciclos terminan y otros nuevos comienzan, así que evita aferrarte al pasado.
4. Confía en Dios, comprendiendo que Él no causa sufrimiento, sino que ofrece lecciones y oportunidades para crecer.

Al abrazar estos principios, puedes encontrar paz dentro de tí, lo que te permitirá enfrentar los desafíos de la vida con serenidad y gracia.

ABRE TU CORAZÓN A LA FELICIDAD

¿Por qué la felicidad es tan importante en tu vida?

¡Te permite sentirte espectacular! Cuando estás feliz en tu interior, se generan tres tipos de hormonas que te harán sentir en un estado perfecto:

1. Dopamina: Encargada de producir placer y motivación.
2. Serotonina: Encargada de aliviar el estado de ánimo.
3. Endorfina: Causa la sensación de felicidad y bienestar.

Si no eres feliz, no podrás ser apasionado. Si no eres apasionado, te sentirás culpable por no darlo todo en las cosas que haces regularmente. Es por esta razón que la felicidad es el complemento perfecto para la pasión.

Cuando estás feliz, puedes vivir plenamente y crecer como persona. No confundas la felicidad con los sentimientos de placer, ya que son muy fáciles de confundir. Esta confusión hace que muchas personas se vuelvan adictas al alcohol, las drogas, etc. Cualquier dependencia física es un autoengaño y puede ser peligrosa para ti. A largo plazo, estos autoengaños son perjudiciales y destructivos para tu salud y felicidad interna.

Todas las cosas que recibes en la vida son porque crees en Dios. Las Escrituras nos recuerdan que la verdadera felicidad proviene de nuestra fe y amor por Dios, y nuestro amor proviene de un corazón compasivo. La única fuente de felicidad es el Señor.

"Deléitate asimismo en Jehová, y él te concederá las peticiones de tu corazón". (Salmos 37:4, RVR 1960)

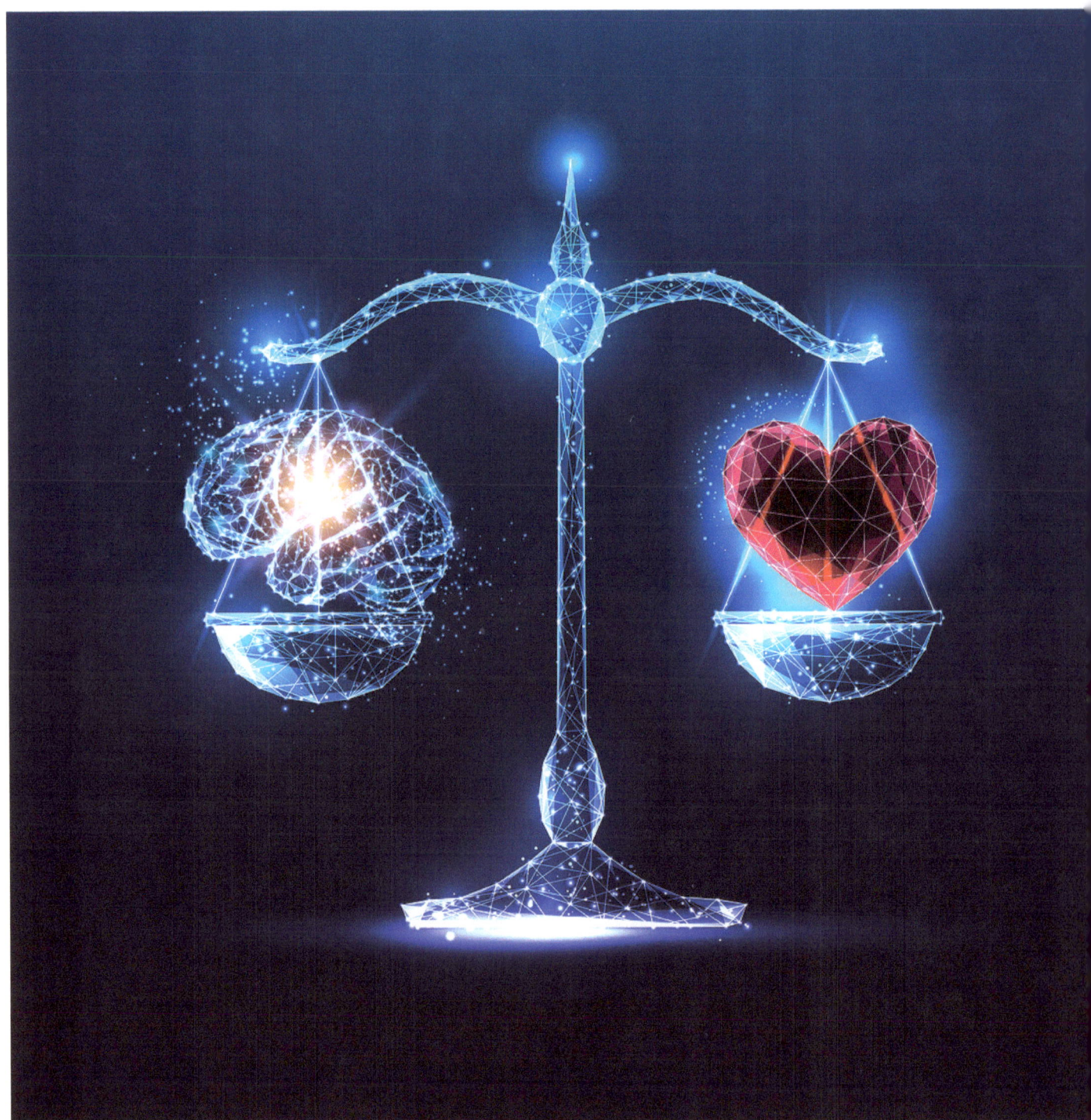

GANA LA BATALLA DE LA MENTE CON UN CORAZÓN AGRADECIDO

Nuestras emociones juegan un papel significativo en moldear nuestro estado de ánimo, comportamiento y relaciones. Sin embargo, a muchos se les enseña a reprimir las emociones, lo que lleva a un conflicto interno. Los pensamientos negativos que albergamos pueden volverse repetitivos, reforzando creencias falsas sobre nosotros mismos y los demás. Jesús se refirió a Satanás como el 'Padre de las Mentiras', y creer en estas decepciones contribuye al estrés y la ansiedad. Afortunadamente, como creyentes, tenemos a Cristo en nosotros para contrarrestar estos planes.

Para romper este ciclo, debemos alinear nuestro pensamiento con la verdad de Dios. Recordar el amor de Dios por nosotros y buscar su sabiduría puede ayudarnos a superar patrones de pensamiento negativo. La gratitud es una herramienta poderosa para combatir el pensamiento negativo. Al practicar la gratitud sin importar nuestros sentimientos, apreciando incluso las cosas pequeñas, descubriendo bendiciones ocultas y agradeciendo a Dios durante los desafíos, podemos cambiar nuestro enfoque de los problemas a sus prioridades.

Reconocer y comprender nuestras emociones puede mejorar nuestras relaciones y bienestar. Rechazar pensamientos engañosos y abrazar la verdad de Dios nos capacita para vivir en abundancia. La gratitud sirve como una disciplina que transforma nuestras mentes, lo que conduce a una vida más alegre y plena.

"Te alabaré, oh Jehová Dios mío, con todo mi corazón, y glorificaré tu nombre para siempre". (Salmos 86:12, RVR 1960). Este Salmo expresa el corazón agradecido y la glorificación completa a Dios.

UNA CARTA A MI QUERIDO CORAZÓN DESDE MI SABIO CORAZÓN

Querido Corazón:

En la complejidad de la vida, siempre recuerda escuchar tu sabiduría interna. Acepta la vulnerabilidad, el amor y el sentir, la esencia misma de la existencia. A pesar de las alegrías y los desafíos, las cicatrices no deben atarte. Ama valientemente, con discernimiento. Algunos lazos no son eternos; suelta lo que ya no nutre. Las despedidas alimentan la fortaleza, la imperfección guarda tesoros.

Nutre cuerpo y alma; el amor propio genera amor sin límites. Sana heridas pasadas sin definirte por ellas. Trasciende adversidades; la fuerza supera los obstáculos.

Sé compasivo; los errores son humanos. Perdona, aprende y avanza. En las relaciones, la expresión honesta y la escucha empática son fundamentales.

El tiempo es un regalo; el amor y la felicidad no necesitan apresurarse. Crece a tu ritmo y protege tu corazón cuando sea necesario. El amor que das y recibes es un tesoro de la vida. Abraza los riesgos y las nuevas posibilidades. Rodéate de crecimiento y amor.

Confía en tu intuición. Mereces amor y felicidad en abundancia. Late con pasión y vive con gratitud.

Con amor y bendiciones,
Tu Sabio Corazón

ABOUT THE AUTHOR

La Dra. Gloria I. San Miguel cuenta con más de dos décadas de experiencia en operaciones clínicas de atención médica. Su impresionante trayectoria incluye servir como una experimentada Ejecutiva de Atención Médica y Vicepresidenta de Operaciones en el sector de prácticas médicas. Su experiencia abarca un amplio espectro de administración de servicios de atención médica.

La Dra. San Miguel nació en Puerto Rico y completó su Bachillerato en Ciencias en Biología en la Universidad de Puerto Rico. Obtuvo su Maestría en Administración de Atención Médica en la Universidad de Florida Central y un Doctorado Honoris Causa en Teología de la Universidad Cristiana MICAR.

La autora es una entrenadora certificada de transformación de liderazgo John Maxwell, ejecutiva de atención médica, consejera pastoral clínica con licencia, emprendedora, esposa y madre de dos hijas adolescentes, que reside en el centro de Florida. Su propósito en la vida es entrenar y desarrollar líderes para que vivan una vida intencional y se conviertan en la mejor versión de sí mismos, con lo que logran una salud integral: emocional, mental, espiritual y física.

Encuentra alegría en compartir su historia de resiliencia y determinación, enriqueciendo la vida de los demás con orientación sincera mientras avanza en su carrera y desarrollo personal. Enfatiza la importancia de los mentores y consejeros, de dar pasos graduales hacia el logro, y destaca cómo su fe ha sido fundamental en el camino de su vida.

Si necesitas ayuda o apoyo, no dudes en ponerte en contacto con Gloria. Con gusto agregará valor y te ayudará a impulsar tu transformación interna para pasar de la intención a la acción en tu viaje de transformación del corazón.

CONTACTO:
Intentionallydrivenbyglory@gmail.com | www.gloriasanmiguel.com
LinkedIn: Gloria San Miguel | Facebook: @crecimientointencional
IG: @intentionallydrivenenterprises

¿CÓMO TE FORTALECE LA PALABRA **CORAZÓN**?

www.ingramcontent.com/pod-product-compliance
Lightning Source LLC
Chambersburg PA
CBHW041415010526
44107CB00016B/1174